AF469703

décembre 1922

95 PN

Collection ENGEL-GROS

MÉDAILLES

ARTISTIQUES

L'exposition particulière des Médailles Artistiques Allemandes et Suisses, de la Collection ENGEL-GROS, aura lieu chez M. J. FLORANGE, EXPERT, 17, RUE DE LA BANQUE, A PARIS, les Mardi 5 et Mercredi 6 Décembre 1922; de 2 heures à 5 heures.

M. J. Florange se chargera des commissions qui lui seront confiées, aux conditions habituelles (5 °/₀ sur la limite).

Il se réserve le droit, dans l'intérêt de la vente, de réunir, de diviser les lots ou de modifier l'ordre du catalogue.

COLLECTION

ENGEL-GROS

Médailles Artistiques

*Toutes les pièces décrites
sont reproduites sur les planches I à IX.*

SAINT-EMPIRE ROMAIN

MAISON DES HABSBOURG

Maximilien Ier, empereur (1486-1519)

1 — ✱ MAXIMILIANVS . DEI . GRA . ROM . IMP . SEMP . AVG . ARCHIDVX . AVSTRIE . L'empereur à cheval, à droite, tenant l'étendard à l'aigle impériale. Au-dessous, 1509. ℞. ★ PLVRIVMQ . EVROPE . PROVINCIAR' . REX . ET . PRINCEPS . POTENTISIM . Sous une couronne l'écusson impérial entouré du collier de la Toison d'Or et de 26 petits écussons. (Domanig, II, 14[1].)

Argent, par *Ulrich Urschenthaler*. 54 millim.

230
Cahn

2 — + MAXIMILIANVS ✱ DEI ✱ GRA ✱ ROMANOR ✱ REX ✱ SEMPER ✱ AVGVSTVS ✱ Buste cuirassé à gauche, la tête ceinte de la couronne impériale, la main gauche tenant le sceptre, la droite la poignée de l'épée. ℞. + XPIA . > . REGNOR . REX . HERS . QZ . ARCHIDVX . AVSTRE . PLVRIMAR . QZ . EVROP . PROVICIAR.. PNS . DVX . ET . D9 . Écusson impérial surmonté d'une couronne et entouré du collier de la Toison d'Or et des écus de Hongrie, d'Autriche, de Bourgogne et de Flandre. Dans le champ, des briquets et la date 1505. (Domanig, pl. II, nº 11. — TN., IV, 5[2].)

Argent, par *Bénédict Burkart,* orfèvre à Insbrück. 44,5 millim.

500
Spring

---

1. Domanig (Ch.). *Die Deutsche Medaille in Kunst und Kulturhistorischer hinsicht.* Vienne, 1907.
2. *Trésor de Numismatique et de Glyptique. Choix de Médailles exécutées en Allemagne.* Paris, 1841.

Maximilien (I) et Marie de Bourgogne.

900 Paravicini (de Bâle)

3 — ✱ MAXIMILIAN^{9} . MAGNANIM^{9} . ARCHIDVX . AVSTRIE . BVRGVND . Buste à droite, les cheveux tombant sur les épaules et le front ceint d'une bandelette tressée. Dans le champ, ETA - TIS . 19 . ℟. ✱ MARIA . KAROLI . FILIA . HERES . BVRGVND . BRAB . CONIVGES . Buste à droite, les cheveux relevés avec nœud formant chignon. Dans le champ, ETAT-IS . 20 . Sous le buste : 1479. (Armand, II, p. 80, n° 2[1]. — TN., IV, 1.)

Argent, par *Cavalli*. 43 millim.

Charles-Quint (1519-1556).

750 Musée de Bruxelles

4 — IMP . CAES . CAROLVS . V . P . F . AVGVST . AN . AET . XXX . Buste à droite, coiffé du béret et portant le collier de la Toison d'Or. ℟. Dans une couronne de laurier, en trois lignes : FVNDATORI - QVIETIS - M . D . XXX. (Armand, I, 137, 7. — Bernhart, 65[2]. — TN., XX, 1.)

Argent doré, médaille attribuée à *Valerio Belli*. Petit trou de suspension rebouché. 38 millim.

310 Musée de Bruxelles

5 — ✱ TECVM + REGNA + DEVS + PARTITVS + VT + IMPERAT + ASTRIS + 1 . 5 . 3 . 2 . Buste à gauche, coiffé du béret et portant le collier de la Toison d'Or. Dans le champ, en deux lignes, CAROLVS . RO . IM . ℟. ✱ ILLE + REGENDA + TIBI + SIC + SOLA + CVNCTA + DEDIT +. Aigle impériale portant en cœur l'écusson mi-parti d'Autriche et de Castille. (Bernhart, 125. — TN., XXI, 1.)

Argent doré, par *Michel Hohenauer*. 42 millim.

---

1. Armand (A.). *Les Médailleurs italiens des XVe et XVIe siècles.* Paris, 1883.
2. Bernhardt (Max). *Die Bildnismedaillen Karls des Fünften.* Munich, 1919.

Hélio Léon Marotte Paris

6 — * CAROLVS . V . DEI . GRATIA . ROMAN . IMPERATOR . SEMPER . AVGVSTVS . REX . HIS . ANNO . SAL . M . D . XXXVII . ÆTATIS . SVAE . XXXVII. Buste de trois quarts, la tête coiffée du béret tournée à droite. Au cou le collier de la Toison d'Or, la main droite tenant le sceptre, la gauche le globe crucigère. ℞. Aigle impériale portant en cœur l'écusson de l'Empire entouré du collier de la Toison d'Or. Dans le champ, les colonnes d'Hercule et la devise : PLVS . OVLTRE. En bas, les initiales du graveur ·H··R· (Bernhart, 93. — TN., XX, 5.)

Argent, par *Hans Reinhard*. 64 millim.

900
General de Grandpré

7 — CAROLVS HESPERY REX ET MODERATOR IBERI IN. Buste à droite, coiffé du béret et portant le collier de la Toison d'Or. Au-dessous : LVD . NEIPA. ℞. TVLIT AVRIFERO ROMVLA SCEPTRA TAGO . ANNO . 1542 . LV . NE. L'aigle impériale sur les colonnes d'Hercule jointes par une banderole avec la devise : PLVS VLTRA. (Bernhart, 84. — Domanig, 194, avers. — TN., XXI, 8.)

Argent, par *Louis Neufahrer*. 41 millim.

1005
Florange

Médaille frappée à l'occasion des doubles fiançailles de Philippe II avec Marie de Portugal et de sa sœur Jeanne avec le Prince Jean de Portugal.

8 — Buste à droite, coiffé du béret et portant le collier de la Toison d'Or. Dans le champ : CARO - LVS ; au-dessus de la tête, V ; sous le buste, le monogramme du graveur HR. ℞. MI - SERERE - MEI . DEVS - 1547. Le Christ sur la croix soutenue par l'aigle impériale. Dans le champ, les colonnes d'Hercule et la devise PLVS VLTRA. (Bernhart, 96.)

Argent, par *Hans Reinhard*. 47 × 38 millim.

1700
Cahn

9 — CAROLVS . V . IMP . AVG . Buste à droite, coiffé du béret. ℞. Les colonnes d'Hercule. (Bernhart, 147.)

Argent. 15 millim.

160

Charles-Quint et Isabelle de Portugal.

10 — . IMP . CAES . CAROLVS . V . AVG . Buste lauré et cuirassé, à droite. ℞. . DIVA . ISABELLA . CAROLI . V . VX . Buste de trois quarts à gauche. (Armand, I, p. 168, n° 24. — Bernhart, 169. — TN., XX, 10.)

Argent, par *Leone Leoni*. 36 millim.

Ferdinand Ier (1539-1564).

11 — ✱ FERDINANDVS . DEI . GRACIA . ROMAN . VNGARIE . ET . BOEMIE . REX . ANNO . SAL . M . D . XXXVIIII . ÆTATIS . SVÆ . XXXVII . Buste à gauche, coiffé d'un chapeau, portant le collier de la Toison d'Or et tenant de la main gauche un parchemin roulé. ℞. Aigle portant en cœur un écusson entouré du collier de la Toison d'Or. Dans le bas : FERDINANDVS . REX . Sous la patte de l'aigle, à droite, le monogramme du graveur, HR. (TN., XXIII, 7.)

Argent doré, par *Hans Reinhard*. Trou de suspension. 65 millim.

Ferdinand (I) et Anne de Hongrie.

12 — FERD : ARCH : AVSTR : ET ANNE HVG : REG . COIVGV EFFIGIES ✥ ÆTA : VTRIVSQVE . ANNO . XX . Bustes accolés à gauche, les têtes ceintes d'une bandelette tressée. Dans le champ : M . D . XXIII . ℞. Monogramme AF, entouré du collier de la Toison d'Or. (TN., III, 4, avers.)

Argent doré, avec bordure cordelée et bélière. 57 millim.

Au bas du revers, les initiales F E, gravées au burin postérieurement.

Hélio Léon Marotte Paris

13 — EFFIG . FERDIN : PRINCIP . ET INFANT : HISPAN : ARCH : AVSTR &ↄ RO : IMP . Buste à gauche, coiffé du grand chapeau et portant le collier de la Toison d'Or. Dans le champ, à gauche, AN°. SVE; à droite, ETAT : XXI . ℞. EFFIGIES : SER : ANNE HVGA : REGINE ARCH : AVTR : DVCIS : BVRGV⁹ . COM : TYRO⁹. Buste à gauche, coiffé du grand chapeau. Dans le champ, à gauche, AN°. SVE; à droite, ÆTA : X̄X̄. (Habisch, 1907, IV, p. 260 et 266[1].)

Argent. *Travail d'Augsbourg.* 61 millim.

1250 H. Jeanson

Ferdinand Ier et Maximilien II.

210

14 — ⋆ FERDI : D : G : RO : HVN : AC BOE : ETC : REX &C : ANNO 2 C : 1546 . AETA : 44 . Buste à droite, coiffé du béret et portant le collier de la Toison d'Or. ℞. ✳ MAXIMI : ARCHIDVX AVSTRIÆ 2 C ANNO 1546 ÆTA : SVÆ 19. Buste à gauche, coiffé du béret orné d'une plume.

Argent. 40 millim. Deux médailles unifaces soudées.

15 — . FERDINANDVS . D . G . ROMANO ⁰₀ HVNGA ∘ BOHEM ∘ REX ∘ ARCHIDVX ∘ AVSTRI ∘ 1550. Buste cuirassé, à gauche, portant le collier de la Toison d'Or. ℞. + MAXIMILIANVS + DG + REX + BOHEMMINI ∘ ET + ARCHIDVX + AVSTRI ∘ ETA ∘ SVA + Z Z. Buste à gauche, les cheveux courts et collier de la Toison d'Or. (TN., XXIII, 11 var.).

Argent, par *Joachim Deschler*. 41,5 millim.

680 General de Grandpré

1. Habisch (Dr). *Haguenauer Aufsatz. Yahrbuch der preuss. Kuntsammlung,* 1907, fasc. III et IV.

Ferdinand II et Éléonore de Gonzague-Mantoue.

16 — + FERDINANDVS + II : D : G : R : I : S : A : G : H : E : B : REX &c ARCHI : AVS : IE : CARINTHIÆ + D : BV . &c . En deuxième légende circulaire : ✱ ELEONORA + IMPERATRIX + G : H : BO . &c REGINA + DVCISSA . MANTVANA &c . Bustes couronnés et accolés à droite. ℞. Aigle impériale entourée des écussons des provinces. (Domanig, 549.)

Argent. 50 millim.

Ferdinand II, Éléonore et leur fils Ferdinand III.

17 — FERDINANDVS . II . D . GR . I . S . A . G . H . B . REX . ELEONORA . IMP . G . H . B . REG . DV . MAN . Bustes accolés à droite. Dans chaque angle, un écusson. ℞. FERDINANDVS III . D . G . REX . HVNG . ARCHID . AVS . D . BVRG . CO . TYR . Buste à droite, coiffé du bonnet hongrois. Dans chaque angle, une tête de chérubin.

Argent doré, carré. 31 millim.

Léopold (V) et Claude de Médicis.

18 — ✱ LEOPOLD . AR . D . N . E . CLAVDIA : ARCHIDVCISSA : AV : MEDIC . Bustes couronnés accolés à droite, celui de Léopold, drapé et cuirassé. ℞. DVX : BVRGVNDIAE : COMES TIROL. Aigle couronné surmonté d'une couronne de laurier.

Or 38,5 millim.

Hélio Léon Marotte Paris

BAVIÈRE

MAISON DE WITTELSBACH

Albert IV le Sage (1467-1508).

19 — ✱ EFFIGIEI ✱ BAVARIE ✱ DVCIS ✱ ALBERTI ✱ FIGVRACIO. Buste cuirassé, à gauche, tenant épée. ℞. ✱ ARMORVM ✱ BAVARIE ✱ DVCVM ✱ FIGVRA ✱ 1.5.0.7. Écusson avec casque, cimier et lambrequins. (Beierlein, 217[1]. — Domanig, IV, 32.) 1600 Cahn
Argent, par *Konrad Eber (?)*. 46 millim.

Louis X de Landshut (1508-1545).

20 — Buste à gauche, coiffé du béret. Dans le champ, gravé en creux : LVD / OVI / CVS — DVX / MD / XXX / V. ℞. SI . DEVS . NOBISCVM . QVIS . CONTRA : NOS . Écusson. (Beierlein, 267.) 520 Cahn
Argent doré. 25 millim.

Maximilien Ier (1597-1651).

21 — MAX : D : G : CO : PA : RH : VT : BA : D : S : R : I : ELECTOR. Buste drapé et cuirassé à droite, portant le collier de la Toison d'Or. ℞. Sans légende. Cartouche couronné, aux armes de Maximilien, surmonté de deux casques avec cimiers, entouré du collier de Toison d'Or et soutenu par deux lions. (Beierlein, 791. — TN., XLIV, 7.) 2250 Cahn
Or, par *Alessandro Abondio*. 33 millim.

---

1. Beierlein (J.-P.). *Die Medaillen und Münzen des Gesammthauses Wittelsbach*. Munich, 1897.

MAISON PALATINE

Suzanne, femme d'Otto-Henri et fille d'Albert IV de Bavière.

22 — * SVSSANNA . CO . PALA . RHE . DVCISS . BAIO . ZC . ANNOS . XXVIII . NA . Buste à droite, coiffé d'un chapeau. ℞. . DOMI . EST . QVOD . BO . EST . INOCV . SVIS . FACIAT . M . DXXX . Écusson surmonté de deux casques avec cimier et lambrequins.
Argent. 31 millim.

Frédéric V et Élisabeth d'Angleterre.

23 — FRID.COM.PAL.R.S.ROM.IMP.ELECTOR. Buste cuirassé et drapé de face, la tête de profil à droite. Sous le buste, les initiales du graveur : IDB. ℞. ELISAB.D.G.G.PAL.R.S.R. IMP.ELEC.FIL.R.MAGN.BRIT. Buste de face, la tête de profil à gauche. (TN., XXXVIII, 4.)
Argent doré ovale. 36 × 29 millim.

Charles-Louis (1649-1680).

24 — CAR.LVD : D.G.C.PAL.RHEN.ELECT.DVX.BAV : Buste cuirassé à droite, avec collier. ℞. SEDENDO NON CEDO. Lion couronné assis de face. Au-dessous, 1648.
Argent doré, avec bélière. 44 millim.

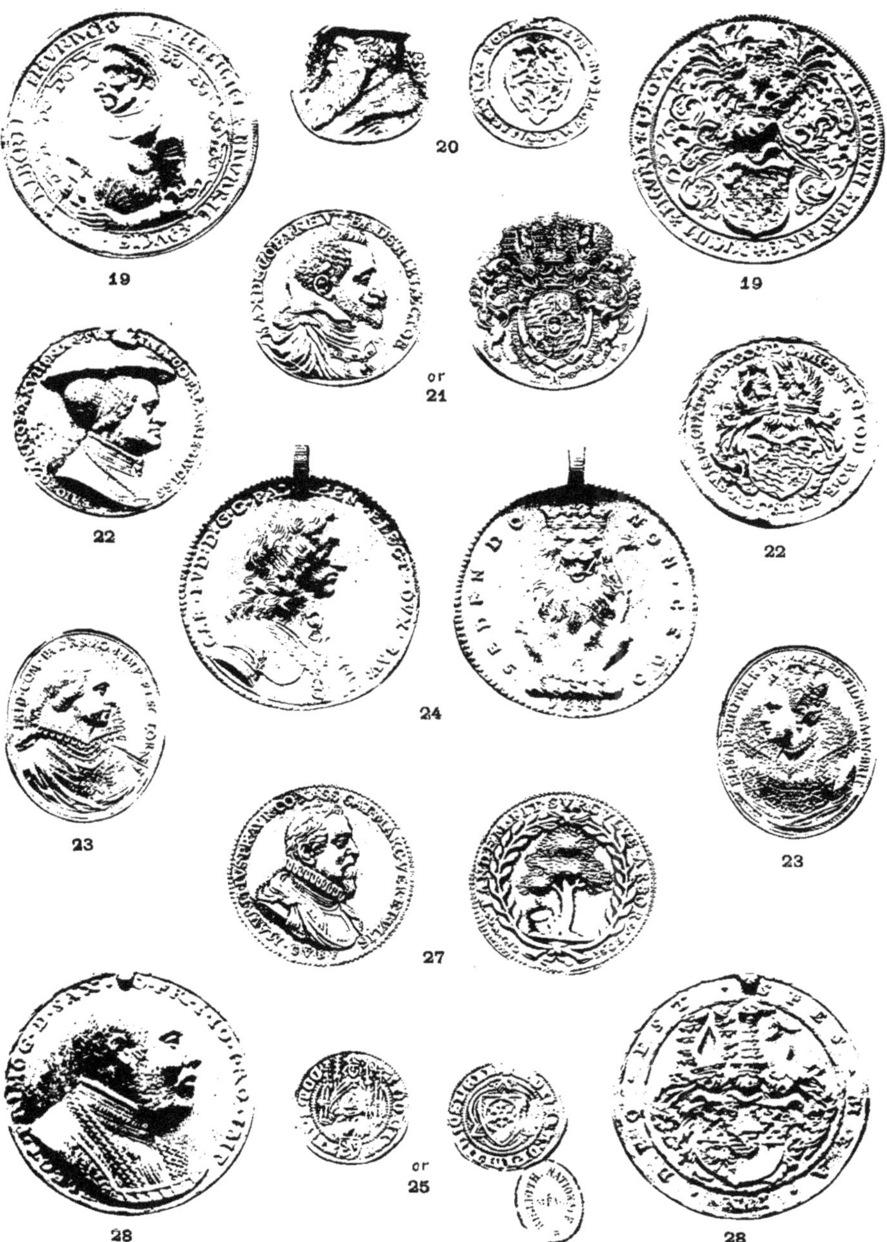
19
20
19
or
21
22
22
24
23
23
27
28
or
25
28

NASSAU

Adolphe Ier, Comte de Nassau, Archevêque de Mayence (1381-1390).

25 — ADOLPVS ARPS.MOG. L'archevêque assis de face. A ses pieds l'écu aux armes de Nassau. ℞. +MONETA : OPIDI.IN NOSDEIN. Écusson de Mayence dans trilobe. Florin de Höchst. 160

Or. TB. 22 millim.

Maurice de Nassau, Prince d'Orange.

26 — MAVRITIVS . PR . AVR . CO . NASS . CAT . MARC . VER . ET . VLIS. Buste cuirassé et drapé à droite. Sur la tranche du bras, ÆT.34. Sous le buste, les initiales du graveur : G.V.B.F. ℞. TANDEM.FIT.SVRCVLVS.ARBOR. Oranger dans une couronne de laurier. Au-dessous : ❧ ANNO 1602 ❧. (Van Loon, vol. I, page 553 [1].) 90

Bronze doré avec bélière, par *Conrad Bloc*. 35 millim.

27 — Autre exemplaire. Argent. 35 millim. (refrappé) 170

[1]. Van Loon (G.) *Histoire métallique des Pays-Bas*. La Haye, 1732.

SAXE

LIGNE ERNESTINE

Jean-Frédéric le Magnanime (1532-1547).

28 — IO.FR.I.IO.I.RO. IMP ELECT.PRIMO G.D.SAX. Buste à droite rehaussé d'or. ℞. SPES.MEA.IN.DEO.EST. Écusson surmonté de trois casques avec cimier et lambrequins.

Argent. *Travail de Nuremberg.* 46 millim. Bélière enlevée.

LIGNE ALBERTINE

Georges le Barbu (1500-1539).

29 — SEMPER.LAVS.EIVS.IN.ORE.MEO.ANNO.ÆTATIS.LXV ❧. Buste à droite. ℞. ✱ GEORGIVS.DEI.GRACIA.DVX.SAXONIE. ANNO M.D.XXXVII. Écusson surmonté de trois casques avec cimiers et lambrequins. (Domanig, 94.)

Argent doré, par *Pierre Flœtner.* 42 millim. Bélière enlevée.

Hélio Léon Marotte Paris

SAXE-COBOURG

Élisabeth, femme de Jean-Frédéric (1532-1547).

30 — ELISABETA DEI GRATIA DVCISSA SAXONIÆ. Buste à gauche, coiffé d'un petit chapeau. En bas, les initiales du graveur : AN. AB. ℞. HILF HIMLISCHER HERR HOCHSTER HORT. Écusson surmonté de deux casques avec cimiers et lambrequins. En bas : 1570. (Domanig, 248.) 600

Argent, par *Antonio Abondio*. 44 millim.

WURTEMBERG

Ulrich V (1487-1550).

31 — Double légende circulaire : + ❧ VON+GOTTES+GENADEN+ VLRICH+HEROZOG+ZV+WIRT+B / ❧ VND+ZV+TEGK+GRAVE+ ZV+MVMPP ELGART+CZ+. Buste de trois quarts à gauche, coiffé d'un chapeau orné de plumes ℞. ❧ VERBVM+DOMI+ MANT+IN+ÆTERNVM+1+5 ❧ 3+5+. Écusson surmonté de deux casques avec cimiers et appuyé à deux cerfs couchés. 750 Florange

Argent. 31,5 millim.

Médailles de Personnages

450 Florange

32 — **Baecker (Frédéric),** abbé de Saint-Gilles de Nuremberg, embrassa la religion réformée (1485 † 1554). * FRIDER * ABB * S * ÆGIDII * ANNO * ETATIS * XLII. Buste à droite, coiffé du béret. ℟. * SI DEVS * / * PRO . NOBIS * / QVIS CONTRA NOS . * IRO . VIII * en quatre lignes. Au-dessous, écusson aux armes de l'abbaye. (TN., XIII, 5.)

Étain. 38,5 millim.

755 Général de Grandpré

33 — **Baumgaertner (Jérôme),** de Nuremberg (1498-1565). * HIERONYMVS . PAVMGARTNER . ANNO . ÆTATIS . 56 . Buste de face, au-dessous, 1553. ℟. * IN . VMBRA . ALARVM . TVARVM . SPERABO . DONEC . TRANSEAT . INIQVITAS . Écusson surmonté d'un casque avec cimier. (TN., III, 10.)

Bronze, par *Joachim Deschler,* 66 millim.

200 Paravicini

34 — * HIERONYMVS . PAVMGARTNER . ANNO . ÆTATIS . LVI. Buste de face, comme à l'avers précédent. ℟. * INTVEMINI . IN . VOLVCRES . COELI . ET . LILIA . AGRI . Écusson comme au revers précédent.

Argent, par *Joachim Deschler.* 44 millim., avec bélière.

Helio Léon Marotte Paris

35 — **Blaarer von Gyrsperg** (**Gerwich**), abbé de Weingarten, conseiller de Charles-Quint, né et mort à Constance (1497-1567). . GERVICVS . ABBAS . WEINGART . ETATIS . SVE . ANNO . XXXIIII. Buste à droite, coiffé d'une barrette. ℞. INSIGNIA . EIVS . DEM . ANNO . DOMINI . M . D . XXIX . Écusson posé sur une crosse. (Domanig, 98.) 2350 Florange

Bronze, par *Pierre Flœtner*. 42 millim.

36 — **Durer** (**Albert**), peintre. * IMAGO * ALBERTI * DVRERI * AETATIS * SVAE * LVI. Buste à droite. ℞. * INCLITA * VIRTVS * M * M * D * XXVII. Écusson avec casque, cimier et lambrequins. 3800 Cahn

Argent. *Travail de Nuremberg*. 39 millim.

37 — **Egkh** (**Léonard von**), né, en 1480, à Kelheim, se mit au service du margraf Georges de Brandebourg et fut conseiller intime de Guillaume IV de Bavière. LEONHART VON EGKH ÆT XXXXVI. Buste à gauche avec bonnet. ℞. En quatre lignes : OĪS . CARO . FOENV̄ / ET . OMNIS . GLORIA . EIVS / . QVASI . FLOS . / . FOENI . A l'exergue écusson accosté de M . D / XXVII. 3600 Cahn

Argent. 39 millim.

38 — **Flue** (**Nicolas de**), patriote suisse. * BILTNVS BRVDER CLAVSENN VON VNDERWALDENN STARB IM MCCCCCXXXVIII SINES ALTERS LXXI IAR . HS. Buste presque de face. ℞. En sept lignes : * SYNN / SPRVCH * / O HERR NIM / MICH MIR : / UND GIB MICH / GANTZ ZV / EIGENDIR : 1400 Henri Jeanson

Argent, par *Stampfer*. 59,5 millim.

Médaille coulée et ciselée portant des traces de dorure. Exemplaire superbe.

1150 Cahn

39 — **Gienger von Rotteneck (Georges)**, né en 1500 à Ulm, mort en 1577, chancelier à Constance, secrétaire de l'empereur à Innsprück. GEORG GIENGER . D . R̨ . K^z M' . ZC . HOFVICECANCZLER^zc Buste à gauche avec collier. Sur la tranche du bras, 4 z. ℞. Écusson avec casque, cimier et lambrequins. (Domanig, 195, avers.)

Argent, par *L. Neufahrer*. 36 millim.

1600 Cahn

40 — **Hoffmann (Anna-J.)**. * ANNA . I . HOEFMENNE *. Buste à gauche, coiffé d'un béret, les cheveux en natte. ℞. Femme agenouillée, tendant les bras vers un chérubin qui descend du ciel. Devant et derrière elle un enfant. A l'exergue : AMOR.

Argent. 35 millim.

2400

41 — **Holzschuher (Sigism.-Gabriel)**, patricien de Nuremberg. SIGM : GABRIEL HOLZSCHVHER . Æ : 67. Buste de trois quarts à droite. ℞. SPE GLORIÆ HVMILIS ❧. Écusson avec casque, cimier et lambrequin, accosté de . 16 / 4 z.

Argent, par *J.-B. Braun*. 50 millim.

1250

42 — **Huss (Jean)**, né en 1369 à Huss, célèbre réformateur, brûlé à Constance en 1415. + CREDO × VNAM × ESSE × ECCLESIAM × SANCTAM × CATOLICAM. Buste à droite, coiffé du bonnet. Dans le champ, IÔA . HVS. ℞. + CENTVM . REVOLVTIS . ANNIS . DEO . RESPVNDEBITIS . ET . MIHI . H . ANNO . A . CHRISTO . NATO . 1415 . IO . HVS. Huss debout sur le bûcher. Dans le champ : CON-DEM/NA-TVR. (TN., I, 1.)

Argent, par *Michel Hohenauer*. 42,5 millim.

Superbe exemplaire rehaussé de dorure.

40 40

41

42 42

43 43

44 45 44

43 — **Kœtzler** (**Georges**), de Nuremberg (1497-1544). + IORG . KOETZLER . ALT . XXIX . IM . M . DXXVI . IAR . Buste à droite. ℞. ➳ WAN+ICHS+WEST+DAS+ES+GEWIS+WER+SO. Armure sur laquelle sont posés un casque avec cimier et lambrequins et le bouclier aux armes de Kœtzler. (TN., VI, 7.) 320

Bronze. *Travail de Nuremberg*. 40 millim.

44 — **Kress von Kressenstein** (**Christophe**), de Nuremberg (+ en 1535). CRISTOF × KRES × XXXII × IAR × ALT × . Buste à droite. ℞. CRISTOFF . KRESS . VOM . KRESENSTAIN. M.D.XXVI. Armure sur laquelle sont posés le casque avec cimier et le bouclier armorié. 800 Cahn

Bronze doré avec bélière. *Travail de Nuremberg (L. Krug ?)*. 39 millim.

45 — **Melanchthon** (**Philippe**), célèbre réformateur (1497-1560) PHILIPPVS MELANTHON. A° ÆTATIS SVÆ XLVII ➳ Buste à gauche, coiffé du béret. (Habisch, IV, p. 248, n° 94.) 500

Bronze uniface, par *Haguenauer*. 44 millim.

46 — **Otmar** (**Hans Wolf**), * HANS WOLF OTMAR.SEINES. ALTER IM XX IAR. Buste à droite, coiffé d'un béret orné d'une plume. ℞. En cinq lignes : FRISCH/HYN DVRCH/WISCH / M . D. / XXXVII. (Habisch, IV, 110.) 210

Argent, par *Haguenauer*. 39,5 millim.

1000
Cahn

47 — **Reiching (Barbe)**, d'Augsbourg, femme de Georges Hœrmann, conseiller de l'empereur Ferdinand * BARBARA. REIHINGIN . VXOR . ÆTATIS . AN . XXXXVII. Buste à gauche, coiffé d'un bonnet, les cheveux en natte. ℞. * IN DOMINO CONFIDO ANNO MDXXXVIII. Écu à ses armes. (Dom., 115. — TN., XIII, 6.)

Argent, par *H. Kels*. 38,5 millim.

1100
Cahn

48 — **Schweicker (Thomas)**, célèbre manchot. . THOMAS . SCHWEICKER . ETA : SV : 41 . 158 . . . Thomas Schweicker, accroupi de face, enveloppé dans un manteau, écrivant avec ses pieds. ℞. MIRABI = / LIA OPERA / TVA . ET ANI = / MA MEA CO = / GNO SCETNI / MIS . PS * ∘ 138 ∘. (Domanig, n° 115, note.)

Argent doré, par *Hans Kels*. 39 millim.

1300
Musée de Bruxelles

49 — **Schwendi (Lazare de)**, seigneur de Hohenlandsberg, maréchal de camp de l'empereur Maximilien, né à Schwendi (Würtemberg). LAZARVS DE SWENDI . MAX . IMP . BELLI DVX IN VNGAR . S . 1566. Buste cuirassé, à gauche. ℞. DVRAT ET LVCET. Volcan au milieu de la mer sur lequel soufflent les dieux des vents.

Argent doré, par *Ant. Abondio*. 34 millim.

1000

50 — **Solms-Lich (Ursule, comtesse de)**, épouse du comte Ulrich de Montfort-Tettnang. * VRSVLA GEPOREN GREVIN ZV SOLMS Z . IRS ALTERS IM . XVII . Buste à gauche. Sur la tranche du bras, les initiales du graveur, H Ψ B. (Domanig, 142.)

Étain, par *Hans Bolsterer*, 1546. 52 millim.

51 — 50 — 51

52 — 52

53 — 48 — 53

47 — 47

49 — 54 — 49

Hélio Léon Marotte Paris

51 — **Stibar (Daniel).** DANIELVS . STIBARVS . A . RAB . AN . ÆTA . XXVIII. Buste à droite. ℞. OPINIO . OMNIVM . EST REGINA . VITÆ ET RERVM. Figure ailée debout de face sur un globe, entourée de plantes à longues tiges auxquelles elle se tient. 2450 Florange

Argent. 31,5 millim.

52 — **Tetzel (Christophe),** patricien de Nuremberg. CHRISTOFF × TETZEL × × SEINS + ALTERS . XXXX . IAR. Buste à droite. ℞. ✱ MIT ✱ STETTER ✱ TREV ✱ M ✱ D ✱ XXVIII. Armure sur laquelle sont posés un casque avec cimier et le bouclier armorié. 2600 Cahn

Argent. 28,5 millim.

53 — VALEO SI PATRIA VALET. Buste drapé à droite. ℞. CHRISTOFF . TETZEL . ANN . MDXXXVIII . ANN . ÆTAT . S . LII. Écu avec casque, cimier et lambrequin. 500 Cahn

Argent, par *Matther Gebel,* de Nuremberg. 19,5 millim.

54 — **Zaisinger (Mathias),** orfèvre et graveur de Munich, né en 1477. ❧ MATHIAS ZAISINGER WAR DISER ZEIT IM XXXXVIII IAR ALT ANNO. Buste à droite, coiffé d'un bonnet. Dans le champ : M . D ./ XXV. et le monogramme du graveur, HF. (Habisch, III, pl. *G,* n° 2.) 1150 Hirsch

Étain uniface, par *Fréd. Haguenauer.* 63 millim.

SUISSE

55 — Bundesthaler s. d. + WILHELM . TELL . VON . VRE . STOVFFACHER . VON . SCHWYTZ . ERNI . VON VNDERWALD. En deuxième légende : + ANFANG . DESS . PVNTZ * IM . IAR . CHRISTI + 1296. Les trois Suisses. A l'ex. : I. ℞. Croix fédérale entourée d'un double cercle d'écussons. (Domanig, 140. — TN., XVIII, 2. — Schoen, pl. III, 7 [1].)

Argent doré avec bélière, par *Stampfer*. 41 millim.

56 — Croix portant l'inscription : SI DEVS NOBIS CVM QVIS CONTRA NOS, tenue par deux anges. Le tout entouré de rinceaux et de banderoles qui tiennent et encadrent les sept écus des États alliés de la Suisse (Abbaye et ville de Saint-Gall, Coire, le Valais, Mulhouse, Rotwill et Bienne). ℞. Main tenant une banderole qui réunit en cercle les écussons des cantons confédérés. Au-dessus de chaque écu le nom du canton ; en bas, une fleur de lis. (Domanig, 473. — TN., XVIII, 3. — Schoen, pl. II, 1.)

Argent doré, par *Stampfer*. 78 millim.

Médaille offerte à l'occasion du baptême de Claude de France, fille du roi Henri II (née en 1547).

57 — Même médaille en argent. 76 millim.

---

1. Schoen (G. A.). *Catalogue descriptif des monnaies et médailles de Mulhouse*. Mulhouse, 1922.

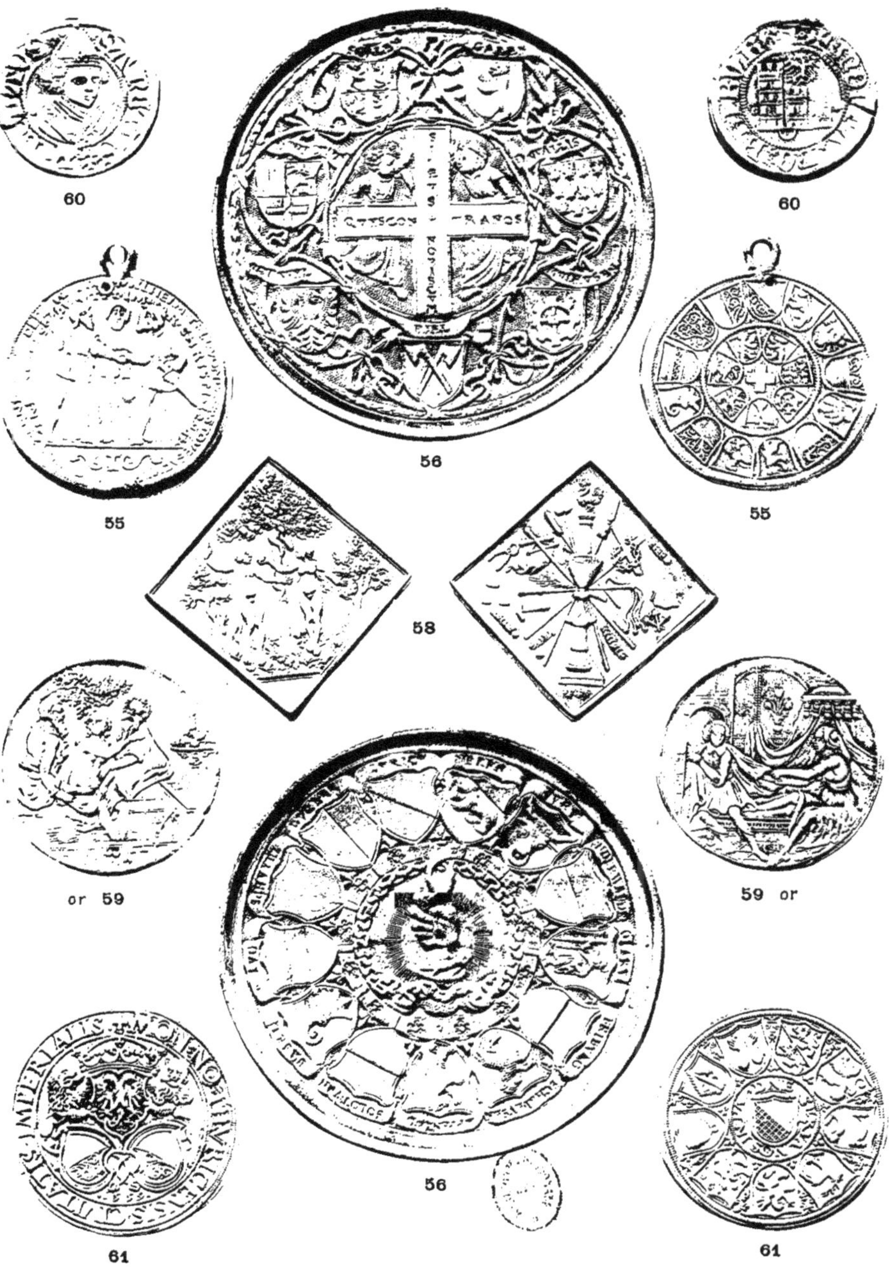

60 60 55 56 55 58 or 59 59 or 56 61 61

Hélio Léon Marotte Paris

58 — Adam et Ève, de face, au pied de l'arbre entouré du serpent. ℞. Les instruments de la passion. A l'exergue, les initiales du graveur FF. 600

Argent carré, par *Fréd. Fechter*. 35 millim.

59 — Assise sur son lit, la femme de Putiphar cherche à retenir Joseph par son manteau. En bas, le monogramme IF et les initiales CH. ℞. Près d'une fontaine, les pieds dans un bassin, Suzanne résiste aux deux vieillards assis, l'un à sa droite, l'autre à sa gauche. 3000 Cahn

Or. 39 millim.

60 — **Fribourg.** Dicken s. d. + : MONTA ⁝ NO ⁝ FRIBVRGI . Châtel surmonté d'un aigle. ℞. ✱ SANATVS ✱ NICOLAVS ✱ . Buste mitré de saint Nicolas de trois quarts de face à droite. (Coraggioni, pl. XXI, 10 var.[1]) 550 Spink

Argent. 29 millim.

61 — **Zurich.** Schnabelthaler 1559. + MON . NO . THVRICENSIS. CIVITATIS . IMPERIALIS . Double écu de Zurich surmonté de l'écusson d'Empire couronné, soutenu par deux lions dressés. En bas, 1559. ℞. Écusson de Zurich entouré de la légende . DNE SERVA NOS IN PA' et des écus des neuf bailliages. (Coraggioni, pl. V, n° 3 var.) 150 Henri Jeanson

Argent, par *Stampfer*. 42 millim.

1. Coraggioni (L.). *Münzgeschichte der Schweiz*. Genève, 1896.

www.ingramcontent.com/pod-product-compliance
Ingram Content Group UK Ltd.
Pitfield, Milton Keynes, MK11 3LW, UK
UKHW021315190726
13839UKWH00007B/1853